AYUDANTES DE LA COMUNIDAD

OFICIALES DE POLICÍA

por Golriz Golkar

amicus LEARNING

luces

perro policía

Busca estas palabras e imágenes mientras lees.

placa

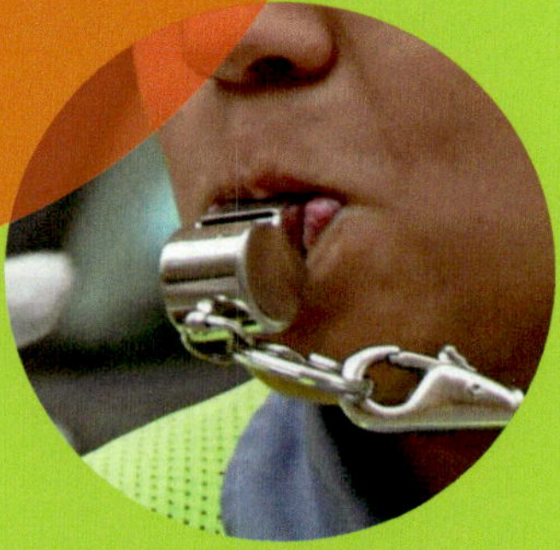

silbato

Los oficiales de policía nos ayudan. ¿Qué hacen?

Un auto circula demasiado rápido.
Las luces parpadean.
El oficial le dice al conductor
que se detenga.

luces

57
POL

El oficial tiene un perro policía.

Trabaja con él.

Está bien adiestrado.

perro policía

placa

¡Oh, no!
Un hombre infringe la ley.
La oficial lo atrapa.
Le enseña su placa.

POLICE

SPLOPS
NYP

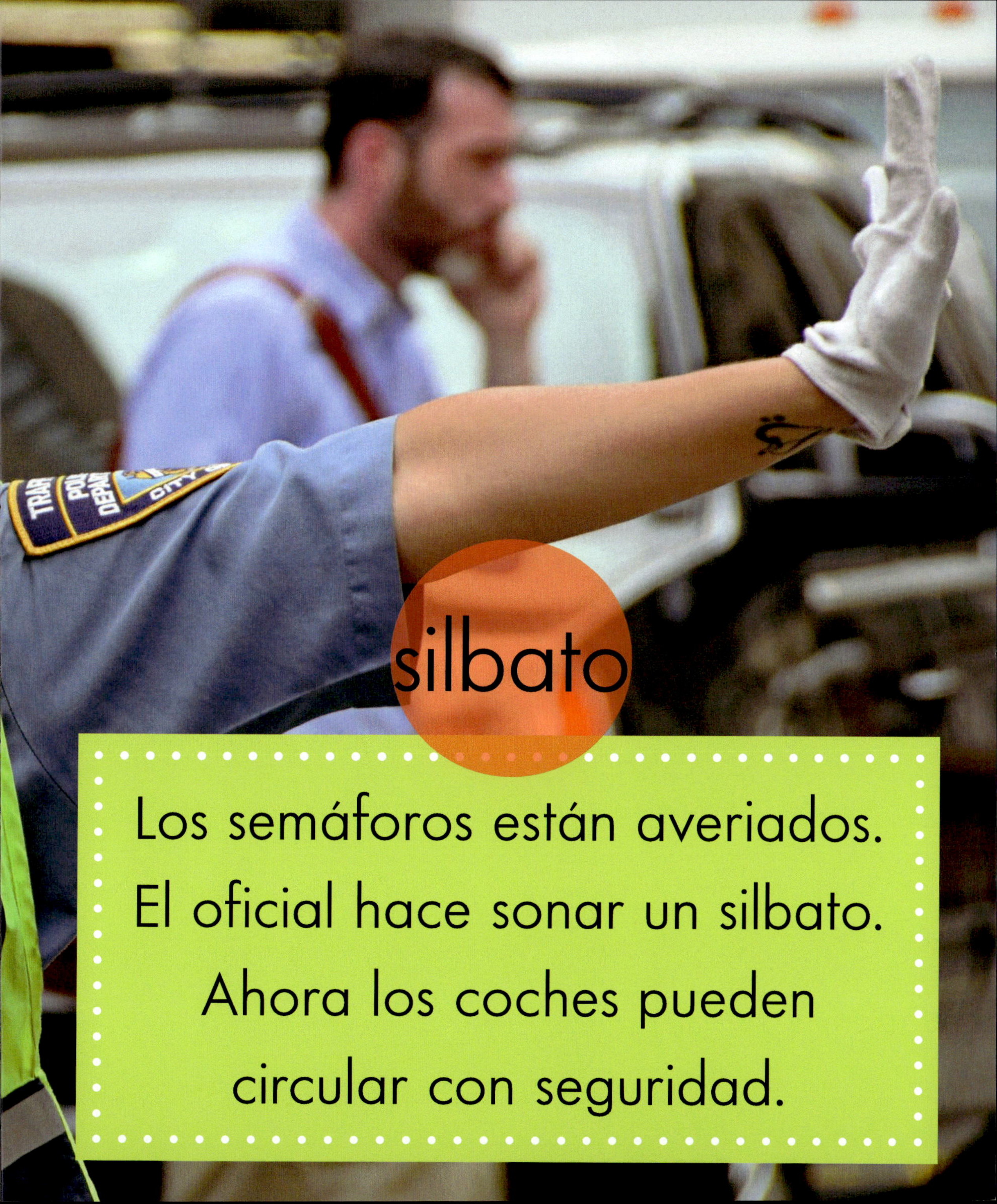

silbato

Los semáforos están averiados.
El oficial hace sonar un silbato.
Ahora los coches pueden
circular con seguridad.

POLICE

¡Ay! Alguien se cayó.
Está herido.
El oficial pide ayuda.

Los oficiales de policía velan por la seguridad de las personas. ¡Pueden ayudarnos cuando lo necesitamos!

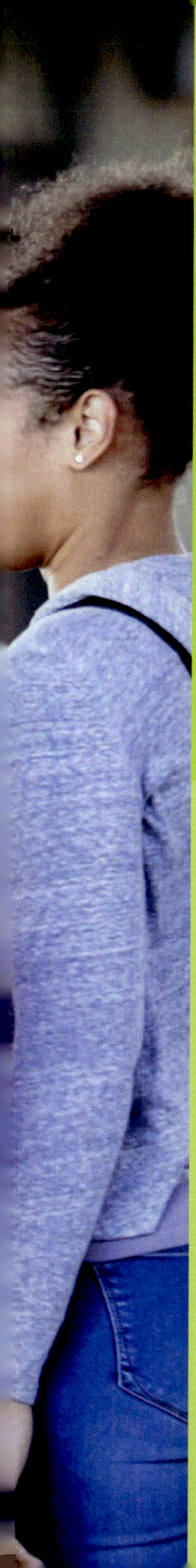

luces

perro policía

¿Lo encontraste?

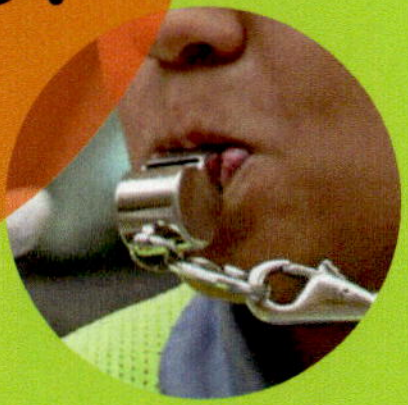

placa

silbato

SPOT

Publicado por Amicus Learning, un sello de Amicus
P.O. Box 227, Mankato, MN 56002
www.amicuspublishing.us

Library of Congress Cataloging-in-Publication Data
Names: Golkar, Golriz, author.
Title: Oficiales de policía / by Golriz Golkar.
Other titles: Police officers. Spanish
Description: Mankato, MN : Amicus Learning, an imprint of Amicus, [2026] | Series: Ayudantes de la comunidad | Audience term: Children | Audience: Ages 4–7 | Audience: Grades K–1 | Summary: "Police officers patrol around town, control traffic, and more. Learn how they help the community in this low-level beginning reader that reinforces new Spanish vocabulary with a search-and-find feature. A great early social studies book that will inspire kindergartners and first graders to learn about jobs in their community. Translated into North American Spanish"—Provided by publisher.
Identifiers: LCCN 2024052057 (print) | LCCN 2024052058 (ebook) | ISBN 9798892006729 (library binding) | ISBN 9798892007320 (paperback) | ISBN 9798892007924 (ebook)
Subjects: LCSH: Police—Juvenile literature. | Occupations—Juvenile literature.
Classification: LCC HV7922 .G64518 2026 (print) | LCC HV7922 (ebook) | DDC 363.2023—dc23/eng/20250111
LC record available at https://lccn.loc.gov/2024052057
LC ebook record available at https://lccn.loc.gov/2024052058

Ana Brauer, editora
Deb Miner, diseñador de la serie
Sara Hood, diseñador de libro y investigación fotográfica

Créditos de Imágenes: Alamy Stock Photo/Ira Berger, 10-11; Getty Images/kali9, 3, 14; Shutterstock/antoniodiaz, 12, Gorodenkoff, 4-5, Hakim Graphy, 6-7, PeopleImages.com - Yuri A, cover, Pixel-Shot, 1, Straight 8 Photography, 8-9

OFICIALES DE POLICÍA